光の小径

hikari no komichi

文 花村 みほ
写真 おちあい まちこ

Forest Books

光の道を

歩んでいきたい

どうか
ほんとうの私に
ならせてください

真実に生きたい

自由でありたい

やさしくなりたい

心に空《あ》いた穴
そこを吹き抜ける風が
つらくて仕方なかった

けれど
それこそが
開かれた窓なのだ、と
教えていただきました

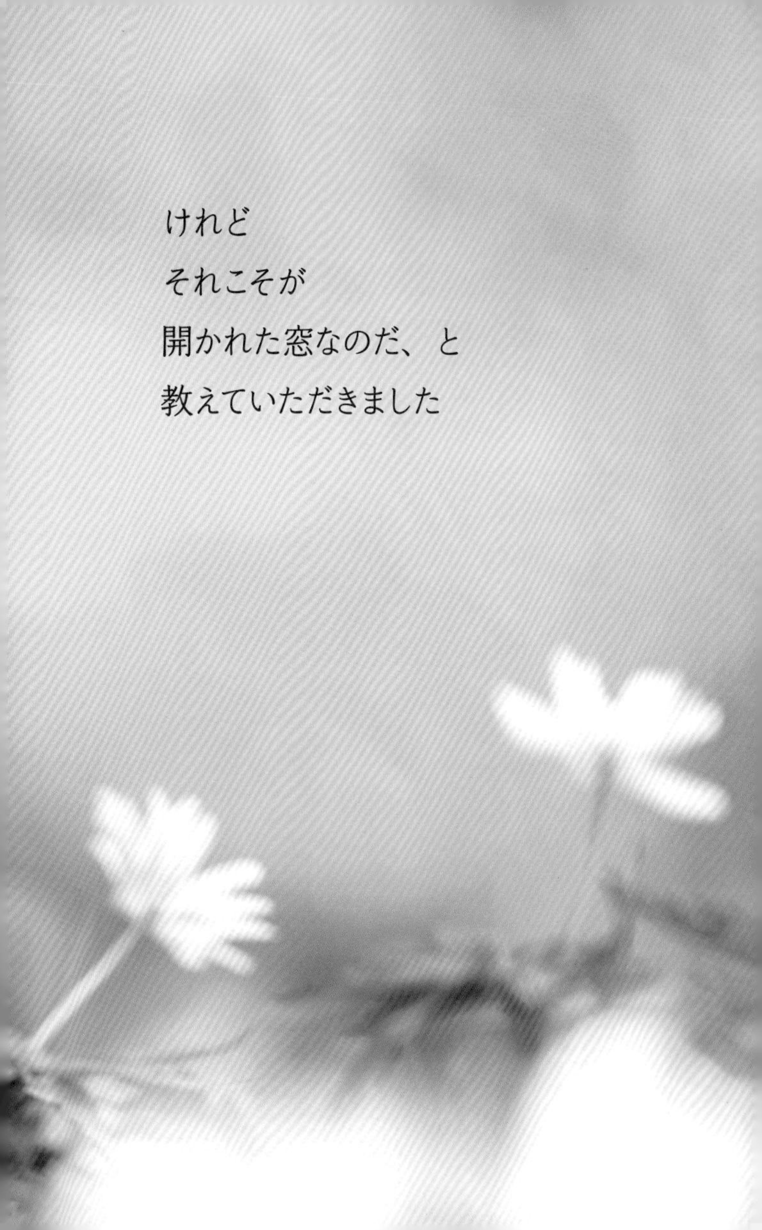

私たちを
癒《い》やしてください

この世界を
深く
癒やしてください

私たちを

新しくしてください

この悲しみは
いつか
喜びに変わるでしょう

この苦しみは
いつか
希望の力となるでしょう

ゆっくり
休ませてください
また
元気に
歩き出せますように

心臓の鼓動
息を吸って息を吐く
私の体と私の心

生きているということは
なんと不思議なことなのでしょう

この命をありがたく
慈《いつく》しんで生きられますように

小さな幸せを
感謝して
生きる

足るを知る者と
ならせてください

失敗も
回り道も
いつのまにか
すべて
恵みになっていました

きれいな心に
なりたいな

小鳥たち
枝広げる樹々
陽の光と雲と風
みんなみんな
ありがとうございます

地球に
生きるもの
すべてが
しあわせに
生きられますように

いつか
笑顔で
会えますように

旅するあなたを
はるかな光が導き
その足元を
一歩一歩
照らしてくれますように

あなたの人生が
光に満ちていますように

光の小径

2022年10月25日 発行

写真　おちあい まちこ
文　花村みほ

ブックデザイン　樽田ルツ子
印刷製本　株式会社サンニチ印刷
発行　いのちのことば社
164-0001 東京都中野区中野2-1-5
Tel.03-5341-6924（編集）
Tel.03-5341-6920（営業）
Fax.03-5341-6921
e-mail:support@wlpm.or.jp
http://www.wlpm.or.jp/

Printed in Japan
乱丁落丁はお取り替えします
ISBN978-4-264-04390-4